बगीचे में भोज

सोनिया-रोज़

क्रम-सूची

क्रम-सूची

क्रम-सूची

क्रम-सूची

निमंत्रण

सदस्यता

1. नमस्कार

नमस्कार, प्यारे सफेद कबूतर।

मैं भोज में निमंत्रण प्राप्त करने के लिए आभारी हूं।

मैं इस भोज में आपके साथ संगति करने का इंतजार नहीं कर सकता।

जैसे-जैसे सृष्टि हमें घेरती है, मैं आपके प्यार से गले लगने की आशा करता हूं।

मेरे साथियों ने मेरी उपेक्षा की और एक नमस्ते के बाद हर बातचीत बंद हो गई।

जब तुमने मुझे नींद में रोते देखा, तो तुम्हारा हृदय करुणा से द्रवित हो गया।

बाद में आप मेरे कमरे में आए और मुझे निमंत्रण दिया।

मैंने भोज का निमंत्रण स्वीकार कर लिया और हम नमस्ते से ज्यादा कहने लगे।

2. गुणवत्ता समय

नमस्कार गुणवत्ता समय
आपके साथ है आम के पेड़ की तरह
जो फल देता है।

3. ऐक्य

हम एक साथ टेबल पर हैं।

हमारी एकता को कोई बांट नहीं सकता।

मेरे अधर्म से मुझे शुद्ध करने के लिए उसका लहू बहाया।

वह मर गया और मरे हुओं में से जी उठा ताकि मैं सदा तुम्हारे साथ एक हो जाऊं।

क्योंकि मैं तुम्हारे साथ एकाकार हूं, मैं उनके परिवार से सदा के लिए एक हो गया हूं।

चूँकि विश्वास के परिवार का एक ही खून है, इसलिए हम अनंत काल तक आपके साथ रहेंगे।

जब मैं अन्धकार से दूर हो गया, तो तुम मुझे अपने अद्भुत प्रकाश और दिव्यता में ले आए।

जब हम एक हो गए हैं, तो बहुत से लोग जो दुष्टता से फिरते हैं, सदा के लिए तुम्हारे साथ एक हो जाएंगे।

4. अमूल्य

पैसे के बावजूद,
तुम मुझसे प्यार करते हो और
इसका कोई मूल्य टैग हमेशा के लिए नहीं है।

5. नज़दीकी संपर्क

तुम मेरे इतने करीब हो।

कभी-कभी, मुझे लगता था कि मेरे पास मेरे सुख या दुख को साझा करने वाला कोई नहीं है।

तुम मेरे अस्तित्व के हर तंतु के पास और चारों ओर हो।

अभी, तुम मेरे बगल में हो।

आपकी निकटता मुझे चकित करती है।

मुझे आश्चर्य है कि आपने मेरे साथ उत्सवों और कष्टों में समय बिताना चुना।

मैं हर चीज और अपने भौतिक अस्तित्व में आपकी प्रेमपूर्ण उपस्थिति से अवगत हूं।

तुम मेरे इतने करीब हो।

6. ताज़ा

स्वच्छ जल के रूप में
बहता है, आपका प्यार तरोताजा कर देता है
अभी टूटा हुआ दिल।

7. कृतज्ञ

मैं आपकी वजह से आभारी हूं।

मैं आभारी हूं कि आप मुझे देखते हैं जब लोग मुझे नजरअंदाज करते हैं।

मेरा दिल कृतज्ञता से भर गया है क्योंकि तुम मुझसे प्यार करते हो।

तुम मेरे लिए मरे कि मैं झूठ से मुक्त हो जाऊं और तुम्हारे सत्य से भर जाऊं।

मैं आभारी हूं कि आपने मेरी रक्षा की जैसे एक आदमी शेर की मांद से जीवित बच निकला।

मैं शुक्रगुजार हूं कि आपने मेरे टूटने के बावजूद मुझे गले लगाया।

मैं शुक्रगुजार हूं कि आपने मुझे निराशा की घड़ी से छुड़ाया।

मैं आभारी हूं कि आपने मुझे बगीचे में भोज में आमंत्रित किया।

8. बंटवारे

मेज पर, हम
आँसू और भोजन साझा करें
जीवन के पेड़ से।

9. प्रोत्साहन

जब हमने रात का खाना खाया, तो आपने मेरा निराश चेहरा देखा।
आपने मुझसे पूछा, "क्या गलत है?"
मैंने उत्तर दिया, "मैं निराश हूँ क्योंकि मैं नहीं जानता कि मैं कहाँ का हूँ।"
आपने अपनी प्रेममयी उपस्थिति से मुझे गले लगा लिया।
जब आपने मुझे प्रोत्साहित किया, तो निराशा के विचार फीके पड़ गए।
जब तू ने मुझ से बातें कीं, तब तू ने मेरी आंखें आकाश की ओर उठाईं।
डरावने विचार जिन्होंने मुझे तौला था, मुझ से दूर हो गए।
आप मेरे बाकी दिनों के लिए मुझे प्रोत्साहित करेंगे।

10. चलो फिर बात करते हैं

मुझे बात करने में मज़ा आता है
आज तुम्हारे साथ। चलो हम बात करते हैं
बार - बार।

भोज भोजन

11. खिचड़ी

मेरे पास खिचड़ी थी और
यह स्वादिष्ट, स्वादिष्ट था,
और एक आदर्श विकल्प।

12. चिकन मखनी

चिकन मखनी का स्वाद बहुत अच्छा था।
चिकन स्वादिष्ट था।
सीताफल और सॉस का रंग विपरीत अद्भुत लग रहा था।
जब मैं खाना खा रहा था तो कोई जल्दबाजी नहीं थी।
मैं पेस्ट से नींबू और लहसुन का स्वाद ले सकता था।
मेरी अंतरात्मा कृतज्ञ थी।
समाप्त करने के बाद, मैं आभारी था।
चिकन मखनी बेकार नहीं गई।

13. स्दिष्ट नान

भोज में, मैं
बटर नान खाओ और
यह स्वादिष्ट था।

14. रंगीन बासमती चावल

भोज में मैंने बासमती चावल का लुत्फ उठाया।

चावल स्वादिष्ट लग रहे थे।

चावल रंगीन और स्वाद में पौष्टिक थे।

पके हुए मेमने का स्वाद बासमती चावल के साथ बहुत अच्छा लगता है।

बासमती चावल वास्तव में अच्छा और बिना कीमत का था।

जब मैंने उनके साथ रात का खाना खाया, तो बासमती चावल स्वादिष्ट थे।

चावल बहुत ही मनभावन और स्वादिष्ट था।

बासमती चावल का अनुभव बहुत अच्छा था।

15. समोसे

बाहर से, वे
सुनहरे हैं। जब मैंने एक खाया,
मेरी जुबान नाच रही थी।

16. चटनी

मेज पर, मैं चटनी देखता हूँ।
कई स्वाद हैं और मैं निर्णय नहीं ले सकता।
चटनी के हर स्वाद की रंगीन प्रस्तुति होती है।
कई क्षण बाद, मुझे आम की छोटी कटोरी और इमली की चटनी
मिलती है।
मुझे आम की चटनी का स्वाद बहुत अच्छा लगता है।
इमली की चटनी और चिकन पकोड़े की जोड़ी परफेक्शन के साथ।
रात के खाने के दौरान, चटनी एक उत्कृष्ट अतिरिक्त है।
दो स्वादों में से, मुझे आम की चटनी बहुत पसंद है।

17. भेड़ का बच्चा टिक्का मसाला

जब मैंने मेमना खाया,
मेरी आत्मा, शरीर और मन थे
पूरी तरह से पोषित।

18. चिकन पकोड़े

मेरी निगाह चिकन पकोड़े को देखती रहती है।

इस समय, मैंने स्वादिष्ट भोजन का आनंद लिया है।

खाने की हर चीज बहुत अच्छी होती है।

अगर मैं किसी खाद्य पदार्थ के बारे में डींग मार सकता हूं, तो वह चिकन पकोड़ा होगा।

चिकन पकोड़े में एक दिलकश सुगंध होती है।

चिकन पकोड़े मुझे बचपन से तले हुए चिकन की याद दिलाते हैं।

चिकन पकोड़ा स्वादिष्ट और बहुत अच्छा था।

मुझे चिकन पकोड़े बहुत पसंद हैं।

19. पानी पूरी

पानीपुरी
मेरे मुंह में पनीर के रूप में पिघला देता है
गर्म खाने पर पिघल जाता है।

20. काजू बर्फी

उसके साथ रात का खाना मुझे खुश करता है।

रात के खाने के बाद, खाने के लिए एक खाद्य पदार्थ बचा है।

मैं भीतर से मिठाई के समय का इंतजार नहीं कर सकता।

मेज पर, मुझे काजू बर्फी दिखाई देती है।

जब मैं बर्फी खाता हूं तो यह खुशी से मेरे मुंह में पिघल जाती है।

काजू अंदर से स्वादिष्ट होते हैं।

जब मैं बर्फी खाता हूं तो मेरी त्वचा पर पिसी चीनी दिखाई देती है।

जैसे ही मैं बर्फी खाता हूं उससे बातचीत जारी रहती है।

अंतरंगता

21. संबंध

मैं निराश और अकेला था।
तुम मेरे कमरे में मुझसे मिलने आए थे।
मेरा टूटा हुआ दिल टूटी हड्डियों की तरह था।
तुम्हारे प्यार ने मुझे कमरे में गले लगा लिया।
तुमने कमरा छोड़ दिया और मैं तुम्हारे पीछे हो लिया।
मैं आपके प्यार के बारे में और जानना चाहता था।
मैं जाना और तुम्हारे साथ रहना चाहता था।
मैं बिना शर्त प्यार के लिए बेताब था।
हम बगीचे में पहुंचे।
आपने मुझे दोस्ती से ज्यादा के लिए आमंत्रित किया ।
मैं बगीचे में आपका निमंत्रण स्वीकार कर लिया।
चिंतित विचारों के बाद मैं इस रिश्ते को शुरू किया छोड़ दिया है ।
आपका अंतहीन प्रेम ही कारण है कि मैं आनंदित हो रहा हूं।
आपके साथ मेरा रिश्ता गजब का रहा है ।

22. ज्ञान से अधिक

आपके साथ बात कर रहा है
ज्ञान से अधिक। के साथ दोस्ती
तुम मेरे दिल को ठीक करोगे।

23. पास आ रहा है

मैं मेज पर आता हूं और मैं तुम्हें देखता हूं।

आपकी शांतिपूर्ण उपस्थिति ने मेरा ध्यान खींचा।

मैंने लोगों को यह कहते सुना है कि आप सच्चे और सच्चे हैं।

मैं एक गहन रहस्योद्घाटन के लिए आपके निकट आता हूं।

जब आप जीवन बोलते हैं, तो मैं आपका हर शब्द सुनता हूं।

मैं अँधेरे को छोड़ कर उजाले के करीब आता हूँ।

जब मैं आपकी उपस्थिति के प्रकाश में प्रवेश करता हूं, तो आप
जितना मैंने कभी सुना है, उससे कहीं अधिक भावुकता से बोलते
हैं।

आप मुझे अपने बलिदान और पुनरुत्थान की याद दिलाते हैं
क्योंकि आपका चेहरा चमकता है।

जैसे ही मैं तुम्हारे निकट आता हूं, मैं घातक चौड़ी सड़क को छोड़
देता हूं।

मैं उस रास्ते पर था जहाँ मैं मरे हुओं के बीच आशा के लिए
पुकार रहा था।

तुम मुझे संकरे रास्ते पर ले चलो।

इसके बजाय मैं आपसे अनन्त आशा के लिए पुकारता हूँ।

जैसे-जैसे मैं आपकी उपस्थिति के निकट आता हूँ, वैसे-वैसे तुम
मेरे निकट आते जाते हो।

मेरी आँखें अपनी सारी चमक में तुम्हें देखना कभी बंद नहीं
करेंगी।

24. आपका पहला प्यार

मैं तुम्हारा पहला प्यार हूं।
आप सभी लोगों के लिए मरे और
उस कब्र से बाहर आया।

25. कृतज्ञ

मैं आपका आभारी हूं।

जब मैं अपने कमरे में अकेला था तो तुम मेरे पास आए।

जब तू ने मुझे भोज में बुलाया, तब मैं तेरे पीछे हो लिया।

जब मैं मेज पर आया, तो तुमने मुझे गले लगा लिया।

मैं आभारी हूं कि आपने मुझे मेज पर आमंत्रित किया।

मैं इस अवसर के लिए खुश हूं कि मैं तुम्हें अपनी जान से ज्यादा
प्यार करता हूं।

जब मेरे चारों ओर सब कुछ उखड़ जाता है, तो तुम्हारी शांति मुझे
स्थिर रखती है।

जैसे ही मुझे आपका जीवित सत्य प्राप्त होता है, मैं विवाद नहीं
फैलाता।

मैं आभारी हूं कि मेरे जैसे कई लोगों को निमंत्रण मिलेगा।

मैं आपके बलिदान से प्रसन्न हूं और पुनरुत्थान हमारे छुटकारे के
लिए सिद्ध कार्य है।

मुझे खुशी है कि आपने मुझे एक परित्यक्त बुकशेल्फ़ से एक
पुस्तक के रूप में चुना था।

मैं आपकी जीत के लिए आभारी हूं क्योंकि मैंने हर प्रलोभन पर
विजय प्राप्त की है।

मैं आपका आभारी हूं कि आपका जीवित जल मेरी प्यास को
संतुष्ट करता है।

मैं शुक्रगुजार हूं कि तुमने मुझे प्यार किया इससे पहले कि मैं
तुम्हें पहले प्यार करता।

26. गहरा विश्वास

जब भी बात करता हूँ
तुम्हारे साथ, मैं सोचने लगता हूँ
आप पर गहरा भरोसा।

27. श्रद्धा

मैं देख रहा हूं तुम शक्तिशाली हैं ।

आपकी राजसी उपस्थिति अद्भुत है।

तुम खूबसूरत हो।

तुम्हारी शक्ति के कारण ही मेरी आत्मा गाएंगे।

मुझे याद है जब आपने मुझे मेज पर आमंत्रित किया था।

मैं बहुत संमान और आप का संमान करते हैं ।

मुझे तुम पर भरोसा है क्योंकि तुम मेरी आत्मा को स्थिर रखें।

पूरे मन से, मैं सच में आपकी सेवा करना चाहता हूं।

आप मेरी रक्षा करें क्योंकि मैं आपकी आज्ञाओं का सम्मान करता हूं।

मैंने अंधेरे पक्ष को छोड़ दिया और अपने स्वार्थी तरीकों से इनकार किया ।

मैं आपकी आज्ञाओं का पालन करते हुए आपका सम्मान करता हूं।

मैं हर दिन अपने अच्छे के लिए आपको सम्मान करता हूं।

मेरा दिल आपको श्रद्धा से देखता है।

मेरी आंखें आपकी उपस्थिति पर केंद्रित हैं।

28. बिना शर्त प्रेम

बिना शर्त
प्रेम मुझे येशु की ओर ले जाएगा
बिना किसी शर्त के।

29. फुल फ़िदा

टेबल पर जाने से पहले मैं अपने कमरे में था।

मैं अकेलेपन और संदेह से भर गया था।

जब आप कमरे में आए तो मैं चकित रह गया।

मैं बिना किसी संदेह के आपके बारे में और जानना चाहता था।

मैं तुम्हारे पीछे बगीचे तक गया।

मुझे अपने नाम के साथ एक कुर्सी आरक्षित दिखाई दे रही है।

हम खाते हैं और बगीचे में एक दूसरे के साथ संगति करते हैं।

जब मैं तुम्हारे साथ होता हूं तो मुझे कोई शर्म नहीं आती।

जितना अधिक मैं आपको बोलते हुए सुनता हूं, मैं पूरी तरह से
आपके प्रति समर्पित होने लगता हूं।

मैं इस दोस्ती के लिए प्रतिबद्ध होना चाहता हूं।

मेरे विचार आपके सत्य वचन से भरे हुए हैं।

आप सदैव मेरी आराधना के पात्र रहेंगे।

जब मैं मेज पर आना भूल जाता हूँ, तो तुम वफादार बने रहते हो।

जैसे ही मैं तुम्हारे करीब रहता हूं, मैं देखता हूं कि तुम सुंदर हो।

30. सच्ची पूर्ति

संरक्षण

31. मेरी वर्तमान मदद

मैं मुसीबत में था।

मैं अपने आंसुओं में डूब रहा था।

आप संकट में मेरे वर्तमान सहायक बने।

जब मैं आंसुओं में सो गया तो तुमने मुझे देखा।

मैं अपनी जरूरत के समय में आपके पास दौड़ता हूं।

आपकी वजह से, मुझे डरने की कोई बात नहीं है।

आप मेरी मदद के लिए हमेशा तैयार हैं।

आपकी उपस्थिति में मेरी आत्मा को शांति है।

मेरे संकट में, तुम मुझ पर अपना प्रेम प्रकट करते हो।

जब परिस्थितियाँ विकट हों तो आप मेरी मदद करते हैं।

जब मैं दुखी महसूस करता हूं तो आप मेरा समर्थन करते हैं।

जब जीवन का कोई मतलब नहीं होता तो आप मुझे स्पष्टता देते हैं।

जब तुम मेरी सहायता करते हो तो पहाड़ कांप उठते हैं।

तुम मेरी सहायता करोगे क्योंकि तुम्हारे काम महान हैं।

32. मजबूत शरण

हर संकट में,
आप पराक्रमी और मेरे बलवान हैं
हमेशा के लिए शरण

33. रक्षक

रक्षा की कमी

मुझे रक्षाहीन महसूस हुआ

खोया हुआ आत्मविश्वास

निराश्रय

मैंने सुरक्षा की तलाश की

निराशाजनक

सुरक्षा का स्रोत

रक्षक

सुरक्षा

तुम मेरे रक्षक हो।

सुरक्षा

मजबूत मीनार

आपका बचाव शक्तिशाली है।

जब मेरे शत्रु विपत्ति लाएंगे तब तुम मेरी रक्षा करोगे।

34. मेरे रखवाले

जब मैं अकेला महसूस किया,
तुम मुझे रखा है और जल्दी
मौत से मेरी रक्षा की ।

35. सच्चा वादा

डर ने मुझे घेर लिया।

मुझे आपकी सुरक्षा पर संदेह था।

मुझे डर था कि पुरुषों ने मेरे साथ क्या किया।

आप सुरक्षा का वादा करते हैं।

जब मेरी आत्मा कीचड़ में थी, तब मैंने तुम पर भरोसा करना शुरू
किया।

मुझे आपकी सुरक्षा पर भरोसा होने लगा।

जब मैं आग पर चलता हूं तो आप मेरी रक्षा करते हैं।

डर कुचल गया था जब मैं तुम्हारे प्यार से आलिंगन में था।

आपका सुरक्षा का वादा सच्चा है और हर आदमी झूठा है।

जब मैं तुम्हारा हूँ, तो मुझे तुम्हारे प्यार से कोई अलग नहीं कर
सकता।

जितना अधिक मैं तुम्हें जानता हूं, मैं सीखता हूं कि तुम मेरी
आत्मा के शत्रुओं से मेरी रक्षा करोगे।

पृथ्वी पर या उसके नीचे कुछ भी मुझे तुम्हारे प्रेम की बाहों से
नहीं छीन सकता।

आपकी शांति मेरे दिल, दिमाग और आत्मा की रक्षा करेगी।

आपकी दिव्य सुरक्षा एक वादा है जो हर आत्मा को मोहित कर
लेगी।

36. शारीरिक सुरक्षा

आपकी मौजूदगी में
शारीरिक संरक्षण है जो
कोई नहीं दे सकता।

37. रक्षा

मुझे झूठ के पिता ने धोखा दिया था।

मैंने सितारों और प्रतीकों से मार्गदर्शन मांगा।

पांच साल से अधिक समय के बाद, मैंने पृथ्वी और आकाश के निर्माता का सामना किया।

आपने मेरी आत्मा की भयानक स्थिति देखी।

तुम मर गए और मेरे साथ रहने के लिए मृत्यु पर विजय प्राप्त की।

मैंने धोखे के व्यापक मार्ग को ठुकरा दिया और तुम्हें मेरी आत्मा दी।

जब मैं आपके बारे में और सीखता हूं तो मुझे सुकून मिलता है।

तेरा वचन मेरा रक्षक बन गया।

जिन झूठों पर मुझे विश्वास था, वे तुम्हारी सच्चाई से बदल दिए गए।

जीवन कठिन होने पर आपके शब्द मेरे दिल और दिमाग की रक्षा करते हैं।

आपका वचन मुझे सतर्क रहने में मदद करता है।

तेरा वचन मेरी रक्षा है।

जब मुझे दुश्मन के इरादों के बारे में पता चला, तो मैं अनजान नहीं था।

तेरा वचन मेरी रक्षा और अटल रहेगा।

38. मेरे छिपने की जगह

बगीचे में,
मुझे पता चलता है कि तुम अब
मेरी छिपने की जगह बन गए हो।

39. मेरा आश्रय

तुम मेरी छिपने की जगह हो।
मेरी शरण
सुरक्षित जगह
शत्रु बहुत बड़े लगते हैं।
तुम पराक्रमी हो।
शरण
तुम मेरी सुरक्षा की जगह हो।
मेरा विश्वास
सच्ची सुरक्षा
मेरा चेहरा धूल से ऊपर उठता है।
उम्र भर
मेरा विश्वास
तुम हमेशा मेरे आश्रय हो।
अब और हमेशा के लिए

40. सुरक्षात्मक शक्ति

आपकी उपस्थिति में
मेरी रक्षा करने के लिए पराक्रमी हैं
शत्रु से।

प्रकृति

41. नाजुक फूल

नाजुक फूल
अस्थायी परेशानी हैं
नाजुक फूल।

42. ऊँचे वृक्ष

रास्ते में, मैं देखता हूँ
मेरे चारों ओर ऊँचे-ऊँचे पेड़।
पत्तियों के साथ भूरी शाखाएँ
सभी पत्ते हरे हैं।
मैं साथ बगीचे में चलता हूँ
मुझमें अनन्त जीवन।
वही विधाता
ऊँचे पेड़ों को किसने बनाया
हमें स्वतंत्रता देता है।
वह हमें सांस देता है और
बढ़ने की क्षमता
ऊंचे पेड़ों की जनजाति के रूप में
ऊँचे पेड़ हमें इशारा करेंगे
अनन्त जीवन का वृक्ष।

43. हरी घास

संकरे रास्ते पर,
मुझे दोनों तरफ हरी घास दिखाई दे रही है
वे जीवन से भरे हुए हैं।

44. ताज़ी हवा

मैं ताजी हवा में सांस लेता हूं।
मैं भोज के लिए चलता हूँ और
ताजी हवा में सांस लें।
जैसे ही मैं चलता हूं, मैं सांस लेता हूं
तुम्हारी भलाई में क्योंकि तुम
मेरे लिए बहुत अच्छे हैं।
ताजी हवा आप से आती है
कौन अच्छा है और ताजी हवा भरता है
मेरे नाजुक फेफड़ों में।
मैं ताजी हवा में सांस लेता हूं और
मैं खुद को याद दिलाता हूं कि आप
केवल मुझे जीवन दो।
जब मैं ताजी हवा में सांस लेता हूँ,
मैं चलता हूं और तुमसे मिलता हूं।

45. जीवन का जल

मेरी आत्मा तुम्हारी प्यासी है।
मैं आप पर विश्वास करता हूं और देखता हूं
अब जीवित जल।

46. दिन के हिसाब से बादल

मेरे चलने पर, मैं देखता हूँ
के दौरान एक काला बादल दिखाई देता है
दिन के घंटे।
काले बादल में, मैं
आपकी उपस्थिति का अनुभव किया
शक्ति और प्रेम से।
पैदल पथ पर,
मुझे आपका मार्गदर्शन मिलता है और
दैवीय सुरक्षा।
तुम मुझे मत छोड़ो
या मुझे छोड़ दो
अँधेरी रातों का दर्द।
कई आंखें अंधी नहीं होंगी
क्योंकि वे आपका मार्गदर्शन देखते हैं।

47. पत्थरों का रास्ता

संकरी सड़क पर,
मुझे पत्थरों का रास्ता दिखाई देता है और
मैं बिना डरे चलता हूं।

48. शाम की अलाव

सूरज ढल जाता है और
आसमान में अंधेरा छा जाता है
संध्या अलाव।
अपने हाथों से, आपने बनाया
कई के साथ अलाव
एक साथ मोटी छड़ें।
मुझे लाठी जलती दिख रही है
और सफेद राख यात्रा
शाम की हवा के साथ।
अलाव जलता है।
मैं तुम्हारी आँखों को देखता हूँ और उन्हें देखता हूँ
आग की लपटें हैं।
मेरे प्रिय, मैं प्रसन्न हूं
हमारे साथ बिताए समय में।

49. वन्यजीवन आश्चर्य

सारी सृष्टि
आपने सभी चीजों को अद्भुत बनाया है।
वन्यजीव आश्चर्य

50. सुंदर नजारा

एक खूबसूरत नजारा
आपकी रचना में है
अब मेरी आँखों के सामने।
यह आश्चर्यजनक है
आप अपनी शक्ति को प्रकट करते हैं
अभी मेरे सामने।
यह गौरवशाली है
डर के पहाड़ देखने के लिए
मेरे सामने उखड़ जाना।
मुझे वह कबूतर दिखाई देता है
मेरे लिए एक संकेत के रूप में भेजा गया है
तुम यहाँ मेरे साथ हो।
खूबसूरत नजारा है
एक नए जीवन के लिए उठाया जाना।

निराशा की मृत्यु

51. निराशा मर गई

आशाहीन भावना

वे मेरे दिमाग पर आक्रमण कर रहे थे।

मेरा दिल आशाहीन था।

मैं तुम्हारे द्वारा पाया गया था।

आपने मेरे दिमाग को सच्चाई से बदल दिया।

तेरी सच्चाई ने मुझे आज़ाद कर दिया।

तुम मुझे आजादी दो।

आशाहीन भावनाएँ धूल बन जाती हैं।

वे अब मेरे दिमाग से निकल गए हैं।

आज मुझे उम्मीद है।

आपका जीवन देने वाले शब्द सच बोलते हैं।

आशाहीन भावनाएँ मर गईं।

आपके शब्द निराशाजनक झूठ की जगह लेते हैं।

तुम्हारे प्यार में, मेरी आत्मा उठेगी।

52. मेरा बचाव

मैं मुसीबत में था।
एक दिन तुम मेरी मदद के लिए आए।
तुम मेरे बचाव हो।

53. उत्थान आत्मा

मेरी आत्मा को आपकी ताकत की जरूरत है।
जब तुम बोलते हो तो मुझे सुकून मिलता है।
आपके शब्द मेरा उत्थान करते हैं।
तुम मेरे करीब हो।
तुम मुझे भय से छुड़ाओ।
अभी, तुम पास हो।
मैं तुम्हें अपना दर्द देता हूं।
हर दिन, मैं तुम्हारा नाम पुकारता हूँ।
आप मुझे प्रोत्साहित करें।
मेरी ताकत तुमसे आती है।
मैं आपको हर दिन अपना तनाव देता हूं।
हर दिन मुझे मजबूत करो।
आप मुझे मजबूत करने के लिए मजबूत हैं।
आप हमेशा मेरा उत्थान करेंगे।

54. शाश्वत हर्ष

मेरे शाश्वत हर्ष
आशाहीन आंसू खुशी बन जाते हैं।
मेरे शाश्वत हर्ष

55. नया निर्माण

पुरानी चीजें फीकी पड़ जाती हैं।
तुम मुझे हर दिन नया बनाते हो।
पुराना जीवन मर चुका है।
मैं अपने लिए जिया।
मैं अपने आप को बाहर की ओर देखता हूं।
तुम मुझे पवित्र करो।
तुम में, मैं मुक्त हूँ।
पाप की मुझमें कोई शक्ति नहीं है।
मेरे अंदर नया जीवन शुरू होता है।
मेरी आत्मा नई बनी है।
पुराना जीवन क्रूस पर चढ़ाया जाता है।
पुराना पाप हानि है।
तेरे सत्य से मेरा हृदय नया हो गया है।
तेरे द्वारा मेरी आत्मा नई हो गई है।

56. मेरा उद्धार

मेरा उद्धार
तुम मेरी आशा के स्रोत हो।
तुम मेरे उद्धारकर्ता हो।

57. नवीकृत विचार

मेरे मन में आशाहीन विचार थे।
जीवन की समस्याएं और भी विकराल हो गईं।
मेरा दिमाग टूट गया था।
मुझे लगा कि आशा खो गई है।
मेरे विचार झूठ पर केंद्रित थे।
इन झूठों ने कोई उम्मीद नहीं साझा की।
आपके शब्द मुझे पुनर्जीवित करते हैं।
आप रात के खाने में मेरे विचारों को नवीनीकृत करें।
आपका सत्य मुझे नवीनीकृत करता है।
मैंने झूठ को नष्ट कर दिया।
मैं झूठ के अनुरूप नहीं हूं।
यह नवीनीकरण है।
मैं उसके अच्छे उद्देश्यों को देखता हूं।
मेरा दिमाग प्रतिदिन नवीनीकृत होता है।

58. नया दिल

मेरा दिल आशाहीन था।
बाद में, मैंने तुम्हें अपना दिल दिया।
मेरा दिल नया हो गया।

59. निराश नहीं

मैं निराश हो गया था।
जीवन की परीक्षाएँ बढ़ती गईं।
मैं हतप्रभ हो गया।
मेरा दिल भारी था।
मेरा चेहरा आँसुओं से ढका हुआ था।
मैं डर से भर गया था।
एक दिन तुमने मुझे पाया।
आपके शब्दों ने मेरे पूरे दिल को मजबूत कर दिया।
तुम मुझे हिम्मत दो।
मैं भयभीत नहीं हूँ।
आपकी उपस्थिति मुझे हिम्मत देती है।
हर दिन, आप मेरी मदद करते हैं।
आपके साथ, मुझे प्रोत्साहित किया जाता है।
आप हर दिन मुझे प्रोत्साहित करते हैं।

60. उज्ज्वल भविष्य

एक उज्जवल भविष्य आता है।
पिछले दर्दनाक दिन फीके पड़ जाएंगे।
एक उज्जवल भविष्य आता है।

भोज का पुनरुत्थान

61. पुनर्मिलन

कोई और विभाजन नहीं
हम अब फिर से मिल गए हैं।
एक महान पुनर्मिलन

62. शाश्वत शांति

घबराओ मत।
शांति के राजकुमार हमारे साथ हैं।
वह हमारे करीब है।
जीवन चिंताओं से भरा है।
उसकी शांति ने इन चिंताओं का स्थान ले लिया।
हमें कोई चिंता नहीं है।
डरो नहीं।
उसकी शाश्वत शांति फीकी नहीं पड़ती।
हम चिंतित नहीं है।
वह हमें अपनी शांति देता है।
आंतरिक अशांति समाप्त हो जाएगी।
हमें शांति मिलेगी।
अनन्त शांति अब यहाँ है।
हम अब उसकी शांति प्राप्त करेंगे।

63. पूरी तरह से ज्ञात

मुझे नजरअंदाज नहीं किया जाता है।
आप देखते हैं और मेरी परवाह करते हैं।
मुझे पूरी तरह से जाना जाता है।

64. अतुलनीय दोस्ती

हमारी दोस्ती शुरू हुई
जब मैं अपने बेडरूम में था।
उसने मेरा उदास चेहरा देखा।
उसने मुझे आंसुओं में देखा।
लोगों ने प्यार किया फिर भी मुझे धोखा दिया।
मैं अकेली रह गई हूँ।
उसके प्यार ने मुझे गले लगा लिया।
"मैं अब तुम्हारा दोस्त बनना चाहता हूँ।"
उनकी बातें मेरे दिल को छू गईं।
मुझे उनका प्यार मिला।
बाद में मैं उसका दोस्त बन गया।
बेमिसाल
हमारी दोस्ती आनंद से परे है।
इससे बड़ी कोई दोस्ती नहीं।

65. हमारा वार्तालाप

हमारा वार्तालाप
जब हम बात करते हैं, तो आपका प्यार मुझे भर देता है।
क्या हम फिर से बात कर सकते हैं?

66. मधुर भोज

मैं विचलित हो गया था।
मेरे पास ये भटकते विचार थे।
मैंने अपना ध्यान खो दिया।
मैंने अपना उद्देश्य खो दिया।
मुझे बहुत अप्रभावी लगा।
मेरे चेहरे पर आंसू के दाग थे।
मैं तुम्हारे पास दौड़ूंगा।
मैंने अपने आप को अपने कमरे में बंद कर लिया।
मैं अब तुम्हारे लिए तरस रहा हूँ।
तुम मेरी खुशी हो।
मैं आपके साथ वक़्त बिताना चाहता हूँ।
एक मधुर मिलन
मुझे आपके साथ बात करना अच्छा लगता है।
मेरे शब्द आपको अकेले खुश करें।

67. कमरा है

मैं यहाँ आपके साथ हूं।
मुझे अपने लिए एक खुली सीट दिखाई देती है।
मेरे लिए जगह है।

68. रोटी तोड़ना

हम यहां फिर से हैं।
मैं तुम्हारे साथ खाने का इंतजार नहीं कर सकता।
रोटी तोड़ने का समय आ गया है।
यह एक साझा भोजन है।
तुम रोटी तोड़ो और बांटो।
मुझे रोटी मिली।
आपने रोटी को बुलाया,
"मेरा टूटा हुआ शरीर तुम्हारे लिए है।"
यह एकता है।
जब हम रोटी तोड़ते हैं,
मैं हमेशा याद रखूंगा
मैं बढ़ सकता हूं और जी सकता हूं।
मैं जीता हूँ क्योंकि तुम्हारा शरीर
क्रूस पर इतना टूट गया था।

69. एक ही कप

मैं कप को देखता हूं।
यह कम्युनिकेशन कप है।
हम एक ही कप साझा करते हैं।

70. आपके साथ भोजन

इससे पहले कि मैं आपसे मिलता,
मैं खुद खा रहा था।
मुझे बहुत अकेलापन महसूस हुआ।
इस रात ने मेरी जिंदगी बदल दी।
एक रात मैं अपने कमरे में था।
तुमने दरवाजा खटखटाया।
आपने अंदर आने को कहा।
मैंने तुम्हारे लिए दरवाजा खोल दिया।
तुम अंदर आए और खा लिया।
मैंने एक टेबल देखी।
मैंने खाने के साथ एक टेबल देखी।
हमने साथ में खाना खाया।
मुझे आपके साथ खाने में मजा आता है।
तुम्हारे साथ एक भोजन मुझे खुशी देता है।

निमंत्रण

71. निमंत्रण भेजें

टेबल सेट है।
मैंने फैसला कर लिया है।
मेरा दिमाग रीसेट है।
न्यौता दिया जाता है।
मेरे पास डरने का कोई कारण नहीं है।
आमंत्रित करने का समय है।
अब बर्बाद करने का समय नहीं है।
वह कभी भी वापस आ जाएगा।
समय अब क्षणभंगुर है।
कोई और अधिक व्याकुलता।
हमें सभी को आमंत्रित करना चाहिए।
निमंत्रण भेजें।
निमंत्रण भेजने का समय।
आइए हम सभी लोगों को आमंत्रित करें।

72. माता और पिता

आप आमंत्रित है।
माँ और पिताजी, कृपया मेरे साथ आओ।
आओ और उसके साथ खाओ।

73. मेरा विस्तरित परिवार

हमारे पास आमंत्रण हैं।
आइए परिवारों को आमंत्रित करें।
हर परिवार।
चलो चाची को आमंत्रित करते हैं।
हम अपने चचेरे भाइयों को आमंत्रित कर सकते हैं।
उन्हें मत भूलना।
हम और आमंत्रित कर सकते हैं।
हम अपने चाचाओं को आमंत्रित कर सकते हैं।
और भी लोग हैं।
सभी के लिए जगह है।
आइए हम दादा-दादी को आमंत्रित करें।
आइए हम सभी को आमंत्रित करें।
भतीजी और भतीजे, कृपया आएं।
आओ और मेज पर रहो।

74. मेरे पड़ोसी

मेज पर आओ।
मैं अपने सभी पड़ोसियों को आमंत्रित करता हूं।
आप आमंत्रित है।

75. मेरा गाँव

खबर साझा करने का समय।
चलो चलते हैं मेरे गाँव।
निमंत्रण भेजने का समय।
वह उनके लिए पीड़ित था।
हर गांव में हर व्यक्ति
यह अच्छी खबर है।
वह मरे हुओं में से जी उठा।
उसे परमेश्वर का क्रोध प्राप्त हुआ
हर गांव के लिए
उन्होंने एक उच्च लागत का भुगतान किया।
अपने खून से उसने हमें खरीद लिया।
वह हमें आजादी देता है।
भोज में आओ, गाँव।
संकरा या चौड़ा रास्ता चुनें।

76. दूर और दूर

भोज में आओ।
मैं उन सभी को आमंत्रित करता हूं जो
दूर और दूर रहता है।

77. प्यार से लिखा

मैं निमंत्रण लिखता हूं।
प्रत्येक को सभी को संबोधित किया जाता है।
आप आमंत्रित है।
इसमें कहा गया है, "मेरे साथ आओ।
भोज में आओ और खाओ।
अपना सारा बोझ ले आओ।
अपनी सभी चिंताओं को लाओ।
आओ और तुम्हारी आत्मा को आराम मिलेगा।
आपको सच्ची शांति मिलेगी।
आओ अब उससे मिलो।
उससे मिलो जो तुम्हारे लिए मरा।
वह अब आपको आमंत्रित करता है।
आज ही आमंत्रण स्वीकार करें।
प्यार से लिखा गया, सच्चा गवाह।"

78. अंतहीन आमंत्रण

हमें और आमंत्रित करना चाहिए।
अंतहीन आमंत्रण भेजे जाएंगे
अब घर-घर

79. लोग आएंगे?

मैंने आमंत्रण भेजे थे।
मैंने खुद से यह सवाल किया।
क्या प्रत्येक व्यक्ति आएगा?
क्या मेरी बहन आएगी?
क्या मेरे चाचा-चाची आएंगे?
क्या मेरी दादी आएगी?
क्या मेरे पड़ोसी आएंगे?
क्या मेरे शिक्षक और दोस्त आएंगे?
क्या मेरे चचेरे भाई आएंगे?
क्या मेरे दादा आएंगे?
क्या मेरी भतीजी और भतीजे आएंगे?
क्या कोई आएगा?
मैं आमंत्रण भेजता रहूंगा।
भोज जल्द शुरू होगा।

80. सभी को आमंत्रण

मैं आप सभी को आमंत्रित करता हूं।
आओ और भोज का आनंद लो।
आप आमंत्रित है।